www.ingramcontent.com/pod-product-compliance
Lightning Source LLC
Chambersburg PA
CBHW050241230526
45470CB00005B/2053
* 9 7 8 1 9 7 9 1 9 3 5 1 1 *

مقدمه ای بر ارائه خدمات
سمپلینگ محصولات و خدمات

Introduction to Sampling for
Products and Services

عنوان و نام پدیدآور: مقدمه ای برارائه خدمات سمپلینگ محصولات و خدمات/ فرزاد حسنی.

مشخصات نشر: امریکای شمالی/کالیفرنیا/F&H Media

مشخصات ظاهری: ۶۴ص.

موضوع: نتبلیغات-بازاریابی

Introduction to Sampling for Products and Services | Farzad Hassani

© Farzad Hassani 2017

Farzad Hasani is hereby identified as the author of this work in accordance with Section 77 of the Copyright, Design and Patents Act 1988

Cover & Layout: F&H Media

All rights reserved. No part of this publication may be reproduced, stored in retrieval system, or transmitted, in any form or by any means, electronic, mechanical, photocopying, recording or otherwise, without the prior permission of the author.

This book is sold subject to the condition that it shall not, by way of trade or otherwise, be lent, resold. Hired out or otherwise circulated without The author's prior consent in any form on binding or cover other than that in which it is published and without a similar condition including his condition being imposed on the subsequent purchaser.

مقدمه ای برارائه خدمات سمپلینگ محصولات و خدمات/ فرزاد حسنی.

نوبت چاپ: اول- پاییز ۹۶

قیمت: ۷$ دلار

همه حقوق این اثر محفوظ است.

فهرست

دیباچه ٥

هدف از ارائه کتاب.. ٧

درباره واژه سمپلینگ ٩

مزایای سمپلینگ.. ١١

سمپلینگ،ابزاری موثر جهت ارتباط و فروش موفق.. ١٢

روش اجرای سمپلینگ و مراحل آن ١٥

شاخه های مختلف سمپلینگ ١٧

تفاوت کلینیک محصول با سایر روش‌های تحقیق بازار.. ١٩

روش اجرای سمپلینگ و کلینیک در فضاهای عمومی ٢١

مراحل اجرای یک سمپلینگ(فرآیند بوروکراسی) ٢٢

چرا سمپلینگ محصولات یک راهکار تبلیغاتی مؤثر است؟ ٢٣

سمپلینگ تجربی محصول ٢٥

فرصت های تئاتری سمپلینگ.. ٢٦

انتخاب محل سمپلینگ محصولات ٢٦

فروش پس از سمپلینگ محصول ٣١

به وجودآوردن انگیزه برای مشتری در سمپلینگ ٣٣

اضافه کردن اطلاعات گرفته شده مشتری به سمپلینگ.. ٣٣

انتخاب تجهیزات سمپلینگ محصول ٣٤

جزئیات استراتژی رقابت سمپلینگ	۳۷
نتایج حاصل از سمپلینگ پس از اجرا	۳۹
پیوست - انتقال سمپلینگ به بازارهای فروش	۴۹
بازاریابی شفاف	۵۲
مفاهیم شفاف	۵۳
نتایج شفاف	۵۴
پرداختن به راه حل مسأله	۵۵
بحث در خصوص سود فروش و بازاریابی	۵۷
فهرست منابع	۶۲

دیباچه

در چندسال اخیر معرفی مدیاهای تبلیغاتی کاربردی جدید به عنوان یکی از هدف‌های اصلی شرکت‌های تبلیغاتی مطرح بوده است.

شرکت‌های تبلیغاتی تلاش دارند با الگو برداری از نمونه های موفق در کشورهای صنعتی و تجاری بزرگ دنیا،برای معرفی بهتر محصولات و خدمات،روش‌ها و مدیاهای جدیدی را به شرکت‌های تجاری و صنعتی بزرگ معرفی کنند.

به کارگیری مدیای پل‌های عابر پیاده، فضاهای بزرگ راه‌ها و معابر ورودی و خروجی فرودگاه‌ها و پمپ بنزین‌ها از جمله حرکات و فعالیت‌های جدید در سال های اخیر است.

یکی از روش های متداول ، مرسوم تبلیغات، روش سمپلینگ محصول است که سال‌هاست در کشورهای اروپایی به عنوان یک روش متداول توسط شرکت ها به‌کار می‌رود .

با توجه به گران بودن تبلیغات و عدم توانایی بسیاری از شرکت‌ها برای حضور در مدیاهای تبلیغاتی گران‌قیمت، مشارکت در سمپلینگ و کلینیک محصولات به عنوان یک راهکار ارزان‌قیمت معرفی شده مطرح است. در بخش های بعدی سمپلینگ و ویژگی های آن به دقت معرفی شده و مراحل اجرایی آن روند اجرای کار معرفی شده است.

با عنایت به اینکه هیچ مرجع مکتوب و مدونی در حوزه بازاریابی و تبلیغات به موضع سمپلینگ و کلینیک محصولات و خدمات، در اختیار کارشناسان و مدیران بازاریابی و تبلیغات نیست، بر آن شدم، اولین کتاب در این زمینه را منتشر کنم.

در این کتاب افزون بر کنکاش در مفهوم سمپلینگ و کلینیک محصولات و خدمات، به بیان مزایای و ویژگی‌های این روش و نیز مطالعه موردی خواهم پرداخت.

در بخش های مختلف کتاب افزون بر تبیین مفهومی، مطالعات و تحقیقات صورت گرفته و موارد اجرا شده نیز به صورت مطالعه موردی (case study) ارائه شده است.

هدف از ارائه كتاب

این کتاب با تمرکز بر اهداف زیر تدوین شده است :

• حمایت از تولیدات داخلی با تبلیغ غیر مستقیم و مستقیم محصولات ایرانی

• ارتقا سطح تبلیغات و اطلاع رسانی برای تولید کنندگان با معرفی یک مدیای جدید تبلیغاتی فراگیر

• امکان ارائه محصولات ایرانی به خارج از کشور به عنوان نمونه در حجم کوچک و صرفا برای تست و آزمون مصرف کننده و یا خریدار

• معرفی محصولات داخلی مرغوب به کلیه مسافرین و توریست هایی که به از مبادی ورودی هوایی به کشور وارد و یا از آن خارج می شوند

• امکان تست و آزمون کیفی محصولات ایرانی توسط مصرف کنندگان ایرانی و خارجی از نزدیک

• فراهم آوردن امکان دریافت بازخور از مصرف کنندگان داخلی و خارجی برای تولید کنندکان در قالب های مختلف نظیر نظرسنجی ،مصاحبه و آزمون محصول

• رفع ایرادهای احتمالی در محصولات با دریافت نظرات کارشناسان و متخصصان داخلی و خارجی تست کننده محصول

امیدوارم مباحث و نکات ارائه شده در این کتاب برای شرکت ها و موسسات مختلف تولیدید و خدماتی مفید و مؤثر واقع شود .

درباره واژه سمپلینگ

واژه sampling در لغت به معنای نمونه‌گیری و یا مزه کردن است . زمانی که محصول جدید و نا آشنایی به بازار عرضه می شود و یا مورد استقبال مردم قرار نمی گیرد، با ارائه نمونه های کوچکتر از این محصول به صورت رایگان و آشنا کردن مردم با مزایای آن محصول ، آنها برای خرید تشویق می شوند .

تبلیغات با استفاده از روش ارتباط مستقیم و ارائه مستقیم محصول به مصرف کننده ،که امروز به شکلی بسیار وسیع و مداوم توسط شرکت ها و تولیدکننده های جهانی مورد استفاده قرار می گیرد، به عنوان راه حلی کوتاه، مستقیم و بسیار تأثیر گذار شناخته شده است. این فرآیندها را عموماً با نام کلی «سمپلینگ» می شناسند.

سمپلینگ دربازاریابی ، ارائه نمونه محصول است ویکی از تکنیک های جدید تبلیغاتی جهت فرهنگ سازی برای ترویج استفاده عموم مردم

ازمحصول مورد نظر و افزایش محبوبیت یک نام و نشان تجاری، درجهت بهره برداری طولانی مدت درآینده ای پیش‌بینی شده است .به عبارتی ساده‌تر زمانی که محصول جدید و ناآشنایی به بازارعرضه می شود ویا مورد استقبال مردم قرار نمی گیرد ،با ارائه نمونه های کوچکتر ازاین محصول به‌صورت رایگان و آشنا کردن مردم با مزایای آن محصول، آنها برای خرید تشویق کرده ایم.

کاتلر این ابزار بازاریابی را بدین گونه تعریف کرده است:

« نمونه هایی از یک کالا و یا خدمت که درحد مصرف آزمایشی دراختیار مصرف کنندگان قرارمی گیرند.» سمپلینگ دردهه گذشته یکی ازکارآمد ترین رسانه های تبلیغاتی درکشورهای صنعتی بوده وبه عنوان رسانه تبلیغاتی پویا و زنده عامل ایجاد حلقه های ارتباطی بین تولید کننده و مصرف کننده می باشد.»

تبلیغات کارآمد و علمی مهمترین فاکتور موفقیت هر بنگاه اقتصادی در مقابله با رقباست . آمار نشان می دهد که سمپلینگ در دهه گذشته کارآمد ترین رسانه تبلیغاتی در کشورهای صنعتی بوده است.

این طرح با سازماندهی تیم‌های تخصص سمپلینگ برای تولید کنندگان مختلف ایرانی به صورت اختصاصی ،متشکل از نیروهای جوان ، فعال ، پر انرژی و آموزش دیده از یک سو و شناخت بازار مصرف و مشتری بالقوه محصول ازسوی دیگر به ارائه اطلاعات مفید و مشخصات محصول و توزیع نمونه رایگان محصول برای ایجاد حلقه های ارتباطی با مصرف کنندگان منجر می شود .

این شیوه از بازاریابی که سال‌هاست در غرب مرسوم است، در ایران نوپاست. شایان ذکر است که این روش تأثیری به مراتب بالاتر از سایر روش‌ها داراست.

مزایای سمپلینگ

به طور خلاصه مزایای سمپلینگ را چنین می‌توان برشمرد:

- فرهنگ سازی استفاده درست از محصول
- بومی شدن ارتباط بین مصرف کننده و تولید کننده
- عدم نیاز به هزینه از طرف مصرف کننده جهت تست محصول یا تجربه کاربری آن
- معرفی محصول درمطلوب ترین حالت (برقراری ارتباط بین ۲ انسان)
- عدم وجود فاصله زمانی از معرفی تا استفاده
- تأثیر آنی و قوی جهت خرید کالا
- امکان پاسخگویی سریع و بلافاصله به سؤالات اولیه مصرف کننده
- آفرینش اولین و پایدار ترین تاثیر در ذهن مصرف کننده
- امکان کنترل و چک باز خورد و اطلاعات داده شده به مصرف کننده به صورت مستقیم توسط سمپلر آموزش دیده .
- گرفتن بازخور آنی از مشتری که می تواند شامل انتقادات و پیشنهادات و چه بسا تشویق هم باشد.
- معرفی محصول به راحتی و بدون واسطه

هدف از سمپلینگ تنها ارائه محصول رایگان به مردم نیست بلکه هدف اصلی آن برقراری ارتباط مستقیم با مشتری و خلق تاثیر ماندگار در ذهن وی می باشد .

بدین گونه شاید بتوان اهداف سمپلینگ را به دو دسته کلی اهداف آنی (تاثیر فوری بر فروش) وتاثیر بر حلقه و چرخه طبیعی خریداران بالقوه و آتی تقسیم نمود .

به منظور معرفی ، دستیابی به سهم بازار بیشتر و بقا و استمرار در چرخه تولید ، با استفاده از کادری مجرب و برنامه ریزی های منظم می توان با فعال سازی تیم های سمپلینگ و ارائه محصول تولیدی خاص به صورت رایگان، همراه با اطلاع‌رسانی و انتشار و انتقال اطلاعات لازم به مصرف کننده نهایی، با برقراری ارتباط نزدیک و صمیمی با آنها توسط افراد تیم اجرایی ، موجب معرفی بیشتر و بهتر محصول شد و این امر به عنوان یکی از فعالیت های مارکتینگ قبل از ورود کالا به بازار و یا درحین فروش و دوام شخصیت کالا ، می‌تواند بسیار مفید و قابل توجه باشد .

سمپلینگ، ابزاری موثر جهت ارتباط و فروش موفق

تبلیغات به عنوان یکی از مهمترین ابزارهای آمیخته بازاریابی می تواند نقش بسیارمهمی را در سیاست ها و استراتژی های بازاریابی شرکت ازقبیل ارتباط با مشتریان ، معرفی محصولات جدید ، اصلاح و تغییر ذهنیت مشتریان و مصرف کنندگان نسبت به شرکت و نام ونشان تجاری آن ایفا کند.

اشباع بازارها، تشدید رقابت، تغییر درسلیقه و نیاز مشتریان، شرکت‌های ایرانی را با چالش‌های متعددی درفعالیت‌های بازرگانی و صنعتی مواجه کرده است.

شرکت‌هایی که بتوانند از ابزار و امکانات دردسترس خود همانند طراحی و توسعه کالاهای جدید، تجدید ساختار کانال توزیع، ارائه محصولات با کیفیت بالا و قیمت مناسب و همچنین تبلیغات مؤثر به درستی استفاده کنند، می توانند براین چالش‌ها فائق آمده وبقای مداوم خود را تضمین کنند.

تبلیغات یکی ازعناصر اصلی استراتژی بازاریابی یک شرکت محسوب می شود و فعالیت های مرتبط با ترفیع، نقش کلیدی دربرقراری ارتباط بین بازار هدف واستراتژی اتخاذ شده ایفا می کنند. به همین دلیل، برنامه های تبلیغاتی سازمان باید به گونه ای طراحی شوند که استراتژی رقابتی کلی سازمان را مورد حمایت قرار دهند. ترفیع واژه ای است که درطول زمان معانی گوناگونی به خود گرفته است، ریشه این کلمه درزبان لاتین به معنای حرکت به سمت جلو بوده، اما کاتلر پدرعلم بازاریابی ترفیع را بدین گونه تعریف کرده است:

«ترفیع ترکیب معینی از تبلیغات غیرشخصی، تبلیغات پیشبرد فروش، روابط عمومی و فروشندگی شخصی است و این ترکیبی است که شرکت برای نیل به اهداف بازاریابی خود ازآن استفاده می کند.»

تبلیغات جنبه وظیفه‌ای ارتباط دربازاریابی را به عهده دارد، حال آنکه ارتباط چیزی بیش از ارائه اطلاعات است. ارتباط زمانی محقق می‌شود که افراد، پیام ارسالی را به خوبی درک کنند و پاسخی مناسب ارائه کنند.

اگر درریشه یابی مشکل یا مسئله یک بنگاه اقتصادی، مشخص شود که علل نابسامانی ها واشکالات موجود درسیستم ، فقط درنحوه قیمت گذاری یا توزیع یا کیفیت نازل و نامطلوب کالاست، فعالیت تبلیغاتی نه تنها حلال مشکل نخواهد بود بلکه باعث افزایش هزینه ها و گم کردن کلید مشکلات نیز خواهد شد.

اما درصورتی که نارسایی ها و اشکالات دخیل دروضعیت ، ریشه درچگونگی وکم و کیف فعالیت های تبلیغاتی و اطلاع رسانی و روابط عمومی داشته باشد، برنامه ریزی های تبلیغاتی می تواند مشکل گشا باشد.

سمپلینگ، تبلیغاتی کارآمد و علمی مهمترین فاکتور موفقیت هربنگاه اقتصادی درمقابله با رقباست. تبلیغات با استفاده ازروش ارتباط مستقیم،که امروز به شکلی بسیار وسیع و مداوم توسط شرکت ها و تولید کننده های جهانی مورد استفاده قرارمی گیرد، به عنوان راه حلی کوتاه، مستقیم و بسیارتأثیرگذار شناخته شده است.

روش اجرای سمپلینگ و مراحل آن

سمپلینگ دارای فرآیندی سیستماتیک است که شامل ۵ مرحله می باشد:

گام اول-آگاهی وشناخت

۱-شناخت محصول با همکاری کار فرما

۲-شناخت بازار با همکاری کار فرما

۳-شناخت امکانات مورد نیاز

۴-جمع آوری نیروی انسانی مورد نیاز

گام دوم-برنامه ریزی

۱-آموزش نیروی انسانی

۲-تیم سازی

۳-طراحی فرم گزارش

۴-تهیه امکانات مورد نیاز

۵-برنامه ریزی محل های سمپل

گام سوم - اجرا

۱- هماهنگی و اخذ مجوزهای مربوطه از محل‌های پیش بینی شده برای سمپل

۲- نظارت بر تیم سمپلینگ

۳- تکمیل گزارشات

گام چهارم - ارزیابی

۱- جمع آوری گزارشات

۲- تهیه نمودار عملکرد تیم سمپل

۳- شناسایی نقاط قوت و ضعف

گام پنجم - ارائه بازخورها و انتقال اطلاعات و ارزیابی ها به کارفرما

شاخه های مختلف سمپلینگ

سمپلینگ دارای شاخه های زیر می باشد :

اول - تحریک بازار : در این سیستم تیم سمپلینگ با حضور در بازار فروش و ارائه اطلاعات و سمپل محصول ، بازار را آماده کرده و بستر فروش را مهیا می سازد.

دوم - تحریک مصرف کننده : در این سیستم تیم سمپلینگ با حضور در اجتماع مشتریان بالقوه محصول ،اقدام به سمپل محصول و ارائه اطلاعات مربوطه نموده و ذهن مشتری را آماده برای خرید می نماید .

سوم - نظر سنجی بازار

برگزاری کلینیک محصول

کلینیک محصول یک روش تحقیق بازاریابی است که طی آن نظر مشتریان در مورد محصول شرکت، مورد سوال قرار گرفته و شرکت تصمیمات خود را در مقاطع مختلف بر مبنای این نظرات اتخاذ می‌کند.

کلینیک محصول را در چند مقطع و با اهداف مشخصی می‌توان انجام داد:

مقطع اول: پیش از طراحی محصول

پیش از طراحی یک محصول جدید و با هدف یافتن نظرات مشتریان احتمالی در خصوص تولید یک محصول موردپسند، می‌توان کلینیک محصول را اجرا کرد. در این مقطع می‌توان در خصوص ایده تولید و ویژگی‌هایی که این محصول خواهد داشت، از مشتریان احتمالی سوال پرسید. این نوع از کلینیک اصطلاحا به کلینیک مفهومی مشهور است، زیرا در این مقطع هیچ گونه محصول فیزیکی قابل‌ارائه وجود ندارد و صرفاً ایده یک محصول یا طرح گرافیکی آن مورد پرسش قرار می‌گیرد.

مقطع دوم: پس از طراحی اولیه

پس از طراحی اولیه و رسیدن به نمونه اولیه‌ای از محصول، کلینیک محصول را می‌توان اجرا کرد. در این مقطع، نمونه اولیه ساخته شده از محصول، به قضاوت گذاشته خواهد شد و نقاط ضعف و قوت آن شناخته می‌شود.

مقطع سوم: ساخت محصول نهایی پیش از عرضه به بازار

پس از اتمام طراحی و ساخت محصول جدید و پیش از عرضه محصول به بازار، می‌توان کلینیک محصول را انجام داد. در این مقطع محصول ساخته شده و نهایی به مشتریان احتمالی عرضه شده و نظرات مشتریان احتمالی در خصوص محصول سنجیده می‌شود. در این مرحله با توجه به اینکه محصول ساخته شده است، عموما روش‌های فروش، روش جذب

مشتریان، روش‌های ترویج و تبلیغ و سایر مواردی که به فروش محصول کمک کند، مورد سنجش قرار می‌گیرد.

مقطع چهارم: پس از ارائه محصول به بازار

در این مقطع هدف از اجرای کلینیک، ارزیابی نظرات نمونه‌های تحقیق در خصوص ضعف‌ها و قوت‌های محصول در بازار به منظور اصلاح روش‌های تولید، اضافه کردن ویژگی‌های جدید به محصولات، اصلاح کاستی‌های محصولات فعلی، افزایش رضایت مشتریان، بهبود خدمات‌دهی به محصولات و... است. در این مقطع کلینیک محصول می‌تواند روش‌های کارآمدتری را در ارائه خدمات به شرکت‌ها پیشنهاد کند.

تفاوت کلینیک محصول با سایر روش‌های تحقیق بازار

کلینیک محصول نوعی روش تحقیق بازار است که تمرکز اصلی خود را بر ارزیابی محصول و ارائه خدمات مناسب، با هدف رسیدن به رضایت مشتریان گذارده است. تمامی روش‌های تحقیق بازاریابی در این روش، از جمله روش‌های نمونه‌گیری آماری، روش‌های تحلیل آماری، مدل‌های تحقیق بازاریابی و... نیز باید رعایت شود این روش از جمله روش‌های آینده‌نگر بوده و با هدف شناخت نیاز مشتریان و برآورده کردن آن طراحی می‌شود. روش سمپلینگ از جمله روش‌های جدیدی است که به تازگی در ایران رواج یافته است. در این روش محصولات شرکت به

صورت مستقیم در مقابل فروشگاه‌ها، میادین و مکان‌های عمومی به منظور آزمایش کردن در اختیار مصرف‌کنندگان نهایی قرار می‌گیرد.

این روش از جمله روش‌های بازاریابی مستقیم است و در بخش فعالیت‌های ترویجی و تشویقی جای می‌گیرد. هدف سمپلینگ ارتباط نزدیک با مصرف‌کنندگان و تشویق مصرف‌کنندگان به خریدهای آتی است، در حالی که کلینیک یک روش تحقیق، با هدف شناخت نیاز مصرف‌کننده است.

سمپلینگ در صورتی که به دریافت نظرات مشتریان به صورت مستقیم بپردازد، نوعی از کلینیک محصول محسوب خواهد شد. از جمله تفاوت‌های دیگر سمپلینگ و کلینیک این است که سمپلینگ به‌صورت معمول در مورد صنایع مصرفی نظیر صنعت مواد غذایی مورد استفاده قرار می‌گیرد، حال آنکه کلینیک برای هر نوع محصول یا خدمتی قابل اجرا است.

روش اجرای سمپلینگ و کلینیک در فضاهای عمومی

پس از تخصیص فضای مناسب برای سمپلینگ و کلینیک ، با دکوراسیون و طراحی ویژه، فضای لازم برای معرفی محصولات و خدمات از طریق نیروهای آموزش دیده برای تولیدکنندگان فراهم خواهد شد .
کادر مجرب و جوان در این فضا به صورت مستمر و در تمام شیفت‌های کاری خدمات زیر را به تولیدکنندگان و مشتریان بالقوه آتی ارائه می‌دهند :

- معرفی ویژگی‌های محصول و خدمت
- ارائه توضیح درباره ویژگی‌های خاص فنی و کیفی
- ارائه محصول برای تست و آزمون
- نظرسنجی از مشتریان
- ارائه انواع بروشور و کاتالوگ
- دریافت نظرات و پیشنهادات
- امکان تحلیل نظرسنجی و ارائه گزارش‌های ادواری

- امکان تحلیل پیشنهادات و انتقادات
- بررسی موضوعی تخصصی روی محصول و ویژگی های آن نظیر نوع بسته بندی و ...

مراحل اجرای یک سمپلینگ (فرآیند بوروکراسی)

- تصویب و تأیید طرح توسط مسئولین ذی‌ربط
- تخصیص فضای مناسب
- طراحی سه بعدی دکوراسیون
- ایجاد دکوراسیون پایه برای فضای سمپلینگ و کلینیک
- تهیه تعرفه مشارکت برای تولیدکنندگان ایرانی
- مذاکره با تولیدکنندگان برای مشارکت در طرح
- عقد قرارداد با تولید کنندگان
- برگزاری جلسه مشترک با تولید کننده به منظور شناسایی ویژگی‌های محصولات
- هماهنگی برای اجرای دکور اختصاصی در محل دکور پایه
- پیش بینی دِپوی موقت
- شروع کار سمپلینگ
- جمع آوری بازخورها

چرا سمپلینگ محصولات یک راهکار تبلیغاتی مؤثر است؟

در ساده‌ترین شرایط، سمپلینگ محصول به مخاطبان جدید، منجر به فروش شده و با غلبه بر ریسک فرصت هزینه خریدار، مشتریان جدید را به دست می آورد. این اصل اساسی علم اقتصاد است که در آن مصرف کنندگان با ریسک مالی مواجه شده و در مقابل برای هر انتخاب و خرید، تصمیم می‌گیرد و محصولی را انتخاب می‌کند که در حال حاضر با آن آشنا می باشند. این تست و آزمایش محصولات لزوماً عالی نیستند، اما هنوز عادات خرید تکراری، توسعه محصول جدید را سخت‌تر می‌کند و برندهای رقیب کمتری به علت عدم اعتماد مصرف کنندگان متولد می‌شود.

استفاده از سمپلینگ برای غلبه بر کانون دید خرید

سمپلینگ محصول تبلیغاتی مشتریان را مجبور می کند سبد خرید خود را گسترش داده و رفتار خرید طولانی را از بین می برد. سبک زندگی پر مشغله امروزه نیاز مند آن است که بسیاری از خریداران سریع خرید کرده و عادت های تکراری خرید را ترک کنند. با قرار دادن نام تجاری خود در دست، ذهن و دهان، این خریداران برای شما فرصت ارائه محصولات را فراهم می کنند.

نمایش مجموع محصولات سمپلینگ

انتخاب هوشمند محل فعالیت سمپلینگ به معنی بهره برداری از حجم عظیمی از نمونه تعریف شده نزدیک به گروه مخاطبان از پیش مشخص شده را برای حداکثر رشد بلند مدت نام تجاری فراهم می کند و همچنین می تواند نمونه محصولات شما را به طور هم زمان معرفی کند و هنگامی که مشتریان بالقوه در حال امتحان محصول هستند، خرید هم داشته باشند.

سمپلینگ تبلیغاتی به مصرف کنندگان تحصیلکرده

پیشرفت در تکنولوژی بسته بندی مواد غذایی، توسعه محصول جدید و یا خروج از بازار، اغلب مستلزم آموزش مصرف کنندگان بازار برای رشد پایدار فروش است برای مثال تولید غذاهای مایکرو ویوی، کنسروی، غذاهای منجمد و خشک شده، غذا های محلی، کم کالری. اگر شما یک محصول خوب دارید، سمپلینگ محصول تبلیغاتی، فرصت ارائه

مزایای به نمایش گذاشتن را برای شما فراهم می کند و عقاید را تغییرداده و مخاطبان، طرفداران وفادار برند جدید می‌شوند.

تولید سریع و فروش پایدار از فعالیت سمپلینگ شما

بسته به استراتژی و انتخاب مکان، شما می‌توانید انتظار داشته باشید سمپلینگ محصول شما بتواند افزایش فروش سریع از ۱۵۰درصد تا ۱۵۰۰درصد داشته باشد. اگر قیمت محصول شما مناسب باشد، درصد قابل توجهی از خریداران آن را فورا خریداری کرده و یا در مدت کوتاهی پس از دریافت نمونه تبلیغاتی، آن را می‌خرند .همچنین طبیعی است که انتظار داشت بخش قابل توجهی از گیرندگانی که محصول را امتحان می-کنند، آن را دوست داشته باشند و برند شما را پس از معرفی نمونه اولیه محصول خریداری کنند.

سمپلینگ تجربی محصول

سمپلینگ تجربی محصول چگونه می تواند به فروش محصول منجر شود؟ تعامل با مشتریان در یک سطح حسی، با استفاده از لمس، مزه، بو، بینایی و صدا، برای کمک به فراخوان و افزایش وفاداری برند در پایانه خرید ثابت شده است.

در جهان اشباع شده امروز با بی‌نهایت انتخاب برای مصرف‌کننده و بمباران رسانه ها، سمپلینگ تجربی محصول، برند شما را به صورت رودررو و مبادله فرد به فرد در معرض دید و تجربه مخاطب قرار می‌دهد.

به هنگام دریافت نمونه، از مشتریان خود چه چیزی می‌خواهید؟ می‌خواهید آنها چه احساسی، چه فکری، چه حرفی داشته باشند؟ سمپلینگ تجربی محصول، تعامل دو طرفه با مشتریان را به وجود می‌آورد و اجازه می‌دهد تا با گوش دادن به داستان‌های آنها و گفتگو بر روی عقاید و گسترش روابط متقابل با آنها خود را بخشی از برند احساس کنند.

فرصت های تئاتری سمپلینگ

سمپلینگ تجربی محصول به شما اجازه می دهد تا با مشتریان خود اوقات خوشی داشته باشید!

وسایل صحنه نمایش جالب توجه، تجربه تعاملی درگیر و تعامل بصری از برند همه می‌تواند منجر به ایجاد یک صحنه نمایش شده و تجربه به یاد ماندنی و لذت بخش سمپلینگ تجربی را ایجاد کند. فعالیت شما باید برندی با وفاداری و پایداری طولانی مدت را از گیرندگان مستقیم فعالیت تجربی سمپلینگ و کسانی که در مورد آن شنیده‌اند، ایجاد کند.

انتخاب محل سمپلینگ محصولات

اول- سمپلینگ در خیابان ها و مراکز خرید

هر شهر بزرگ، دارای مجموعه ای از مناطق خرده فروشی است که ارائه دهنده فرصت ایده آل برای سمپلینگ مصرف‌کنندگان در بازارهای انبوه است. هزاران فضاهای تجربی برای انتخاب از لحاظ دسترسی جمعیتی و مجوز هزینه ها، با توجه به تمام بودجه رقابت سمپلینگ وجود دارد.

بسته به نوع برند ، بهترین تجهیزات سمپلینگ را انتخاب کنید، شما می‌توانید نمونه های محصول تبلیغاتی خود را در خارج در خیابان ها یا پیاده‌روهای شلوغ و یا در داخل مراکز خرید شلوغ ارائه دهید.

دوم - سمپلینگ در ایستگاه های قطار و مناطق اداری

از سمپلینگ در ایستگاه های قطار و مترو در زمان اوج سفر ، تا سمپلینگ درمنطقه های فروش مواد غذایی در مناطق اداری در زمان نهار، با استفاده از تیم های سمپلینگ گردشی به منظور ارائه محصولات،شما به کارمندان و دیگر مخاطبان، هیجان می دهید . ارائه سمپلینگ به کارمندان باعث میشود محصولات شما وارد زندگی روزمره این مخاطبان حرفه‌ای شود.

سوم - سمپلینگ در محل پارک خودروها، سوپرمارکت‌ها ، ورودی و مراکز پر جمعیت

ارائه نمونه تبلیغاتی محصولات شما به هر مشتری که وارد یکی از فروشگاه مواد غذایی منتخب شما برای سمپلینگ می شود، اجازه می‌دهد محصول شما اولین تصمیم خرید این مشتریان باشد. قرار گرفتن مستقیم در جلوی مغازه اجازه می دهد تا فعالیت سمپلینگ شما به ترکیب تأثیر بالا با نام تجاری تبدیل شود.

چهارم - سمپلینگ در فروشگاه و در راهرو سوپر مارکت‌ها

با استفاده از مأموران آموزش دیده برند، اگر سمپلینگ محصول در فروشگاه به درستی انجام شود ،می‌تواند راه بسیار خوبی برای معرفی برند

شما باشد و در مکان مناسب مثل راهرو فروشگاه، محصولات نمایش داده شوند. اگر چه مخاطبان سمپلینگ در راهرو فروشگاه دسترسی کمتری به محصول، نسبت به افراد سمپل شده در مقابل فروشگاه دارند، اما هزینه‌های ارائه سمپل در راهروی فروشگاه نیز کمتر است. بسته به نوع فروشگاه، هزینه‌های مجوز سمپلینگ محصول در فروشگاه و سوپر مارکت‌ها اغلب شامل اعضای محلی کارکنان فروشگاه است که به عنوان یک دستیار برای ماموران برند مناسب می‌باشند.

برای اطمینان از هماهنگی کیفیت تجربه مصرف کننده توصیه می‌شود که کارکنان فروشگاه‌های تنها در نقش دستیار افراد حرفه‌ای سمپلینگ عمل کنند،و به عنوان راهبر، خرید و فروش، مشتریان بالقوه را تشویق کنند.

فرصت‌های سمپلینگ در فروشگاه شامل :

۱-راهرو:سطح بالایی از تعامل با مشتری درست در نقطه تصمیم گیری را می توان در راهرو ارائه داد.

سمپلینگ مواد غذایی گرم / سرد اجازه می‌دهد مشتریان در راهرو به خرید فوری تشویق شوند.

نمایش محصول شما را قادر می‌سازد تا مزایای محصولات پیچیده را توسط کارکنان آگاه ،با جزئیات دقیق به مشتریان در راهرو نشان دهید.

۲ - مقابل فروشگاه:سمپلینگ در مقابل فروشگاه، فرصت دید بیشتری را فراهم می‌کند. با افزایش زمان ارائه فعالیت در مقابل فروشگاه،خلاقیت بیشتر و تعامل با مشتری را ایجاد میکند. این فعالیت می‌تواند شامل توزیع بروشور، نمایش محصول و سمپلینگ آن باشد.

۳- در طول فروشگاه: توزیع بروشور شما را قادر می سازد تا جزئیات دقیق محصول را در دست مشتری قرار دهید. در آن روز برگه تخفیف نیز می‌تواند باعث خرید در فروشگاه شود.

پنجم - سمپلینگ در دانشگاه‌ها و کالج‌ها

سمپلینگ تبلیغاتی محصول در دانشگاه و محیط‌های دانشگاهی و از طریق سالن‌های دانشگاه، در ابتدای ترم و یا در هر زمان مناسب در تقویم دانشگاهی، پلت فرم ارتباط برند شما را فراهم می‌کند و نمونه محصول تبلیغاتی شما را با نفوذ بسیار در دست مخاطب ارتباطی قرار داده و رشد برند شما را تحریک می‌کند.

ششم - سمپلینگ در جشنواره‌ها و مسابقات ورزشی و مراسم‌های سنتی

در تقویم تعداد بسیار زیادی مراسم وجشنواره داریم که می‌تواند مستقیماً برند شما را به گروه شرکت‌کننده در این مراسم‌ها نمایش دهد. آنها با سمپلینگ تبلیغاتی محصول جذب می‌شوند.

تعداد زیادی تاکتیک‌های سمپلینگ تجربی و گردشی برای محصول در هر عنوان وجود دارد. از سمپلینگ در مراسم‌های مختلف استفاده می‌شود. بعضی از این مراسم بیش از ۲۰۰ هزار شرکت کننده دارند که فرصت نمایش دادن برند و نمونه محصول تبلیغاتی شما را، درست در زمانی که مشتریان پتانسیل دریافت ایده، مزه، پیغام ونمونه جدید را دارند، فراهم می‌کند.

زمانی که درست برنامه‌ریزی شود منطقه سمپلینگ تجربی محصول در حقیقت باید به تجربه بازدید از مکان در روز اضافه شود که هم خاطره مثبت و هم وفاداری طولانی مدت برند را ایجاد کند و در به یادآوردن و فروش به هنگام تصمیم خرید روزانه کمک کند.

فروش پس از سمپلینگ محصول

الف- ارائه محصول بسته‌بندی شده در زمان سمپلینگ

به جای افزایش فروش محصولات در هنگام انجام سمپلینگ محصول، مشتریان جدید نیاز دارند که دقیقا چیزی که می‌خواهند بخرند به آنها نشان داده شود .

گاهی اوقات، نمونه محصول های تبلیغاتی که آنها دریافت می‌کنند ممکن است از قفسه ویا بسته بندی خود خارج و در یک فنجان و یا کاسه کوچک بدون نام برند ارائه شود.هدف مشترک ما افزایش میزان فروش کلی نیست، بلکه پیش بردن فروش برند خاص شما است. برای انجام این کار، ما اطمینان داریم که در سراسر فعالیت سمپلینگ، یک طیف وسیعی از تصاویر محصول برای نمایش وجود دارد، بنابراین مردم می دانند در حالی که در فروشگاه در حال بازدید می‌باشند، طیف وسیعی از گزینه‌ها به آنها ارائه شده است و چه نوع از بسته بندی محصول را باید پیدا کنند.

ب- ایجاد فرصت های خرید از سمپلینگ

اگر فعالیت های سمپلینگ تبلیغاتی محصول شما منجر به افزایش قابل توجه فروش محصولات نشد، سمپلینگ موثر واقع نشده است. ساختار برند، بدون فروش ارزش ندارد! قرار دادن کالای شما در دسترس موقعیت خرید در زمان سمپلینگ محصول، ممکن است بهترین زمان برای ایجاد درخواست مشتریان برای خرید باشد، زیرا آنها از نمونه رایگان تبلیغاتی محصول شما لذت برده‌اند. شما می‌توانید کالای خود را در مقابل سوپرمارکت یا در سالن قرار دهید و یا در بیشتر موارد می‌توانید به طور مستقیم از خود محل ارائه سمپلینگ محصول را به فروش برسانید.

نمایش کالاهای فروش در مکان و یا نزدیک به محل سمپلینگ محصول، یک فاکتور بسیار مهم است که فروش فوری را بالا می‌برد.

اگر اجازه دهید مشتریان از محل دور شوند و برای یافتن محصول در فروشگاه خودشان تلاش کنند، ممکن است ۷۵ درصد فروش بالقوه را از دست بدهید. اگر نگه داشتن کالا در محل امکان پذیر نیست (که اغلب به این صورت است)، استفاده از کاتالوگ، کوپن و برگه تخفیف خرید ضروری است تا مطمئن شوید دریافت کنندگان نمونه، به مشتریان وفادار جدید شما تبدیل شده‌اند.

فضاهای مناسبی سمپلینگ وجود دارد که امکان فروش محصول را در کنار سمپلینگ ایجاد می‌کند برای مثال میوه فروشی‌ها و سوپرمارکت‌ها. البته امکان فروش محصولات در اکثر فستیوال‌ها و جشنواره‌ها نیز وجود دارد و در چنین مواردی سودآوری و فروش به طور هم زمان با سمپلینگ و زمانی که مخاطبان از دریافت نمونه لذت می‌-برند، میسر است.

به وجودآوردن انگیزه برای مشتری در سمپلینگ

متقاعد کردن دریافت کنندگان نمونه به خرید محصول، اولین قدم ضروری در این مسیر به منظور دستیابی به سهم بازار، در طولانی مدت است. از طریق آنها مخاطب جدید و آشنا با محصول به مشتریان وفادار تبدیل می‌شود. اگرچه ممکن است در نتیجه گیری نهایی برای کوتاه مدت تأثیر بگذارد، اما رشد بلند مدت و کوتاه مدت را میسر می‌سازد.

اضافه کردن اطلاعات گرفته شده مشتری به سمپلینگ

عرضه اولین نمونه تبلیغاتی محصول باید اولین ارتباط شما به صورت طولانی مدت با مشتری جدید باشد. طیف گسترده‌ای از مکانیسم‌ها برای گرفتن اطلاعات مشتری در محل فعالیت سمپلینگ تجربی محصول و یا از طریق مسابقات آنلاین وجود دارد که اجازه می‌دهد، شما با دریافت کنندگان نمونه جدید پس از چشیدن اولیه محصول ارائه شده، ارتباط برقرار کنید.

به یاد داشته باشید که از گیرنده های نمونه بخواهید خرید کنند.اگر از دریافت کنندگان نمونه درخواست نکنید، خرید نخواهند کرد. فعالیت سمپلینگ محصول شما باید بر اساس اصول فروش و نمایش باشد ، نه فقط نشان دادن و گفتن.

برنامه ریزی سمپلینگ هوشمند مأموران برند شما را با یک متن از پیش تعیین شده تجهیز خواهد کرد که مشتریان را برای خرید آماده می‌کند. به سادگی و با یادآوری درخواست یک بار خرید، آنها از نمونه محصول شما لذت می‌برند.

ایجاد فروش کوتاه مدت و بلند مدت از سمپلینگ

این یک واقعیت آزمایش شده است که سمپلینگ تبلیغاتی محصول، باعث فروش محصول می‌شود. اگر این اتفاق نیفتاده است، شما به تغییر سریع سازمان (یا استراتژی سمپلینگ) نیاز دارید!

شما باید فروش فوری قابل توجهی، از مخاطبان جدید که تحت تأثیر فعالیت‌های مثبت سمپلینگ قرارگرفته و تصمیم به خرید فوری محصول گرفته را، انتظار داشته باشید .

انتخاب تجهیزات سمپلینگ محصول

تجهیزات مخصوص سمپلینگ را می توان چنین بر شمرد :

۱-جعبه فروشندگان گردشی یا سیار / جعبه راهنما

این جعبه ها توسط تیم های متحرک سمپلینگ محصول ارائه می‌شود و به فروشندگان گردشی اجازه می‌دهد محصولات بسته‌بندی شده و

نمونه‌های محصول به صورت حرفه ای ارائه شده و در یک جعبه مناسب، راحت‌تر در اختیار شما قرار گیرد.

این جعبه‌ها می‌تواند شامل گرافیک آرم شما ، عکس محصول و پیام‌های کلیدی بوده و همچنین با رنگ برند شما متناسب باشد.

جعبه فروشندگان گردشی، باعث انتشار تیم سمپلینگ محصول فراتر از منطقه سمپلینگ شده و به آنها اجازه می دهد هزینه کمتری را برای سمپلینگ محصول متقبل شوند.

۲-کیف‌های سمپلینگ

داشتن وسائل سمپلینگ نزدیک خود قابل حمل برای حجم بالای ارائه نمونه محصول، ضروری است. کیف‌های سمپلینگ در اندازه‌های مختلف می تواند متناسب با اندازه ،رنگ و گرافیک محصول انتخاب شود.

این کیف می‌تواند توسط تیم بر روی شانه آنها و یا به صورت چرخ‌دار در سراسر مکان ها و در کنار محل فعالیت های سمپلینگ قرار گیرد.

۳-کوله پشتی سمپلینگ / توزیع کنندههای نوشیدنی

این قوطی مایع متحرک تحت فشار و عایق ،برای توزیع نوشیدنی‌های گرم و یا سرد انواع سمپلینگ تبلیغاتی محصول مفید است که مثل یک کوله پشتی بزرگ پوشیده می‌شود.

۴-وسایل نقلیه سمپلینگ محصولات تبلیغاتی

این امکان وجود دارد که از همه نوع وسایل نقلیه برای فعالیت های سمپلینگ تبلیغاتی استفاده کرد. شما می توانید از کامیون های بستنی،فولکس‌های واگن، کامیون های حمل و نقل، وانت یخچال‌دار، بازارچه‌های موقتی، دوچرخه، سه چرخه و غیره استفاده کنید.
می توان آن را با توجه به محصولات و ارائه حجم بالای سمپلینگ و طیف گسترده نقاط، انتخاب کرد.

۵-واحدهای قابل حمل و غرفه سمپلینگ

از سمپلینگ بطری سرد وفلاسک آب گرم، گرفته تا قابلمه سوپ و یا هر وسیله دیگر، در این واحدها، باعث می‌شود ارائه سریع، کارآمد و تحویل نمونه رایگان به گیرندگان را فراهم شود.
لازم است که این واحدها دارای گرافیک بالا، عکس محصول بسته بندی شده و پیام های کلیدی و ارائه ایده‌آل برای نمایش نمونه محصول و ارتباط با مشتریان بالقوه جدید باشند.

۶-پیشخوان کیترینگ و تجهیزات کیترینگ

با توجه به الزامات آماده سازی محصول ، ممکن است به سرما، گرما، جوش، کباب کردن، سرخ کردن، مایکروویو،کردن نمونه شما در محل ، درست قبل از سمپلینگ محصول احتیاج باشد. طرح پیشخوان کیترینگ و انتخاب مناسب از تجهیزات کارآمد برای ارائه حجم بالایی از نمونه‌های کامل محصول ، بسیار حساس و مهم است.

جزئیات استراتژی رقابت سمپلینگ

طرح سمپلینگ رقابتی که برای کارفرما نوشته می‌شود باید شرح کامل و دقیق همان چیزی باشد که در هر مکان اتفاق خواهد افتاد. برای هر قسمت از کار، برای هر یک از کارکنان، حجم ارائه نمونه ها به صورت روزانه و بروشور و کوچکترین تغییرات باید برنامه‌ریزی شود.

جزئیات برای برنامه ریزی مؤثر واقعا ضروری است که شامل محاسبه نمونه محصول به منظور بسته بندی، کارتن کردن، حمل ونقل به‌منظور، تعیین وسایل نقلیه مناسب و ذخیره سازی کالا می‌باشد.

این طرح و برآورد هزینه پس از آن می‌تواند سندی باشد که به شما کمک خواهد کرد که از رسیدن محصول به مخاطبان مطمئن شوید.

مدیریت هزینه ها

بسته به نوع استراتژی سمپلینگ ، ممکن است سرمایه گذاری کمی برای ایجاد تجهیزات سمپلینگ مناسب، تغییر وسیله نقلیه سمپلینگ، تولید لباس

کارکنان و غیره نیاز باشد. برای کم کردن این هزینه ها ایجاد یک تور سمپلینگ و استفاده از تجهیزات مشابه در برنامه هفتگی، که در آن تمام تجهیزات سمپلینگ، وسایل نقلیه، لباس، و غیره به طور کامل تمیز شده و دوباره برای فعالیت‌های سمپلینگ هفته بعد آماده می‌شود،امکان پذیر است .

هزینه های جاری
هزینه های سمپلینگ پیچیده رقابتی شامل دستمزد تیم، حمل و نقل کالای سمپلینگ ، اسکان سمپلرها در تور، فضای تست سمپلینگ و مواد غذایی مصرفی است که هزینه های جاری را تشکیل می دهد .
همچنین هزینه های تولید ،برای تولید نمونه، نیز باید به بودجه موجود اضافه شود.

پرداخت هزینه برای فضاهای پر رفت وآمد
فضاهای وسیع و پر رفت و آمد برای موقعیت سمپلینگ تجربی شما متناسب با تمام گروه‌های مخاطب جمعیتی وجود دارد.
مراکز خرید بزرگ و ایستگاه های قطار وجود دارند که روزانه و یا آخر هفته مصرف کنندگان گسترده‌ای را در اختیار شما می‌گذارند.
اگر شما از دانش محلی و تجربه گسترده استفاده کنید،گزینه های کاهش هزینه های فضای تجربی برای رسیدن با هزینه کمتری وجود دارد.
برخی از بهترین محل‌های سمپلینگ تجربی، جشنواره های فصلی می‌باشند که در طبیعت وجود دارند (برای مثال: مراسم سنتی، کشاورزی، ورزشی، تاریخی، آشپزی، و غیره) - که در آن امکان فروش کالا به اندازه ارائه نمونه وجود دارد، در نتیجه هزینه های سمپلینگ شما قابل برگشت می‌باشد.

نتایج حاصل از سمپلینگ پس از اجرا

مطالعات مکرر کارشناسان بازاریابی نشان می دهد ،سمپلینگ در فروشگاه پس از اجرا، باعث افزایش در فروش و منجر به افزایش تولید محصولات و حجم سبد مشتریان می‌شود.

شبکه های مطالعاتی PDI درفروشگاه، از سمپلینگ در فروشگاه به افزایش فروش پس از ارائه سمپل پی برد.

این موضوع ، نشان می‌دهد که سمپلینگ به مراتب از آنچه قبلا تصور می‌شد، مقرون به صرفه‌تر است.

این مطالعه نشان می‌دهد که سمپلینگ نه تنها فروش محصولات جدید تازه راه اندازی شده را افزایش می دهد، بلکه خطوط تولید محصولات را نیز گسترش داده است.

بر اساس نتایج حاصل شده سمپلینگ می‌تواند « اثرهاله ای» مثبت مربوط به کالا داشته باشد و فروش محصولات سمپل نشده درون برند اصلی را بالا ببرد. مطلعات مقدماتی همچنین نشان می دهد که متوسط اندازه سبد خرید خانوار (کسانی که نمونه به آنها نمایش داده می‌شود) از میانگین سبد خریداران مکرر فروشگاه زنجیره ای بیش از ۱۰ درصد افزایش یافته است.

پیش زمینه

گردش مالی صنعت سمپلینگ در حدود ۲/۸ میلیارد دلار در سال است و منافع دو طرفه ای را برای تولید کننده و دریافت کننده محصول و خدمت به همراه دارد .

در حدود نیمی از تمام سمپلینگ های انجام شده در ایالات متحده در فروشگاه اتفاق می افتد و روش مفیدی برای مدیران برند است، زیرا آنها فوراً بر خرید و فروش از طریق شمارش فیزیکی کالای منتقل شده در «روز ارائه سمپل» نظارت کنند.

داده ها ی بازخورد فوری این «روز» کمک کرده است که سمپلینگ در فروشگاه به بخشی از استراتژی های راه اندازی یکپارچه برای بسیاری از محصولات جدید تبدیل شود،مایک کِنت (Mike Kent) نایب رئیس و مؤسس شرکت PromoWorks می گوید:

«بیش از ۹۰درصد از تجارت ما در زمینه معرفی محصول جدید می‌باشد.»

او ادامه می‌دهد :

«چون مدیران بازاریابی می‌خواهند آیتم جدید را همراه با انگیزه در دست مصرف‌کنندگان قرار دهند، بنابراین آنها می‌توانند جهش کنند و برند جدید را شروع و فروش در اوج را گزارش کنند.»

کنت می‌گوید:

«اما یک مشکل وجود دارد، ومطالعات بسیار خوبی در مورد آن صورت گرفته است. با این حال، او اشاره می‌کند که با تمرکز برمعیار روز ارائه سمپل، مدیران برند و سازمان صرفا برای دیدن سمپلینگ به عنوان یک تاکتیک کوتاه مدت، که تنها برای راه اندازی آیتم جدید مناسب است، به فروشگاه می‌آیند.»

کنت می‌افزاید این تقصیر آنها نیست:

«ما همیشه برای رسیدن به موفقیت به مشتریان اطلاعات روز و نقاط ارائه نمونه را می‌دهیم.اینکه چند درصد از فروشگاه برای بار دوم است که محصولی را به نمایش می‌گذارند؛ چند درصد از فروشگاه‌ها قیمت محصول را به طور موقت کاهش دهند وچند فروشگاه باید سمپلینگ را انجام دهند.»

اما مدیران PromoWorks، از طریق سال‌ها تجربه در این حوزه می‌گویند،سمپلینگ استراتژی سودمند قابل لمس به وجود می‌آورد، مانند تحریک تکرار رفتار خرید ماهیانه پس از ارائه نمونه و همچنین افزایش اندازه سبد خرید و حتی بالا بردن فروش مرتبط با آیتم‌های سمپل نشده ..

جان استرمر (Stermer john) معاون رئیس اجرایی فروش و بازاریابی می‌گوید:

«همواره سوء ظن وجود دارد، اما معیاری برای اندازه‌گیری کمیت وجود ندارد.اطلاعات پایانه فروش(POS) به شما می‌گوید چه مقدار فروش داشته‌اید، اما نمی‌تواند بگوید خریداران چه کسانی بودند، رفتار قبلی آنها چگونه بوده و مهمتر از همه، در آینده چه رفتاری خواهند داشت.پس چرا سمپلینگ را انجام می‌دهید؟!»

استرمر می‌افزاید:

«ما اعتقاد داریم که سمپلینگ باید مورد استفاده قرار گیرد اگر چه یک تجربه جدید و یک وسیله برای ایجاد سهم بازار برای کالای تولید کنندگان است.

حتی در مواردی که یک برند ۱۰۰ درصد در بین خانواده‌ها پذیرفته شده، آنها باید از سمپلینگ به عنوان بخشی از تاکتیک ترویج سالانه کالا های خود استفاده کنند و به عنوان یک سازنده استراتژیک،به سهم خود در بازار دست پیدا کنند.»

این شرکت یک مجموعه جدید از معیارهای اندازه گیری مزایای سمپلینگ در فروشگاه درجهت توسعه برند را جستجو کرد.

استرمر می گوید:

« اساساً ما می‌خواستیم بدانیم رفتار مصرف‌کنندگانی که در برنامه های سمپلینگ شرکت کردند پس از دریافت نمونه به چه صورت بوده است.»

این کوشش‌ها، بعدها R.I.S.E نام گرفت (گزارش تأثیرات سمپلینگ در فروشگاه).این مطالعات در بهار سال ۲۰۰۸ در معرض دید کارشناسان مختلف، از جمله پروفسور دون شولتز (DonE.Schultz) از دانشگاه نورث وسترن(Northwestern) قرار گرفت.

استرمر می‌گوید:

«بهترین پیش‌بینی‌کننده رفتار خرید، خود رفتار خرید است.»

بنابراین مدیران شرکت PromoWorks در نهایت به سمت تحول حوزه اطلاعات مکرر خریداران حرکت می‌کنند. این شرکت به دانش شبکه‌های / تصمیم گیری تبلیغاتی (Inc) دست یافته است. (KN/PDI) تحقیق پایدار با اطلاعات فشرده کارت وفاداری مشتری می‌باشد..

وی می‌گوید:

«آنها نه تنها اطلاعات وسیع و عمیق مورد نیاز ما را خواهند داشت. بلکه یک روش منحصر به فرد که شامل کارت‌های وفاداری خریداران و زمان سمپلینگ را نیز ارائه می‌دهند. تا به حال این اولین باری بود که شنیده بودم ما قادر به گرفتن تصویر لحظه‌ای از مصرف‌کنندگان در داخل فروشگاه در طول بازه زمانی خاص در مورد رفتار خرید آنها، خواهیم بود.»

در دسامبر سال ۲۰۰۸، PromoWorks به KN / PDI به منظور ایجاد طرح یک تحقیق سفارش داد.

روش اجرا

رئیس، معاون ارشد و مدیر کلی شبکه جیم هفرنان(Jim Heffernan) می‌گوید :

«هنگامی که استرمر به مسائلی که با آن مقابله کرده‌اند اشاره کرد، ما می‌دانستیم که تناسب طبیعی داشتیم.»

شرکت Heffernan، اطلاعات را از خانواده های مختص پانل، که به نام خریداران ملی آزمایشگاه (NSL) می‌باشند، را با مقایسه بیش از ۱۶ میلیون خانواده‌هایی که کارت خرید از طرف فروشگاه زنجیره‌ای به آنها داده شده است، به دست آورد.

KN / PDI فعالیت خرید خانواده ها را در داخل فروشگاه زنجیره ای که به آن وفادار بودند دنبال کرد. بر عکس "انتخاب کردن " پانل‌های خریداران، که در آن خانواده ها خریدهای خود را به دقت در خانه اسکن می کنند ، NSL از داده های خرید که به طور خودکار و جامع در پرداخت ضبط کرده است استفاده می کند.

چرا داده های پایانه‌های به تنهایی کافی نیست؟ برخی از فروشندگان حتی نمی‌تواند گزارش داده‌های به روز POS را دریافت کنند ارائه این اطلاعات برای مدت یک هفته می‌باشد.

KN / PDI پانل خریدار خانوار، گروه آزمون و گروه کنترل را از هم جدا کرد. گروه آزمون به عنوان اعضای پانل که KN / PDI آن را می‌شناختند، مشخص شد:

• به طور منظم از این فروشگاه زنجیره‌ای خرید کردند؛

• قبلا، از بخش سمپل شده خریداری نمی‌کردند.

• از طریق فعالیت کارت وفاداری به منظور ارائه در بین ۱۱ صبح و ۵ بعد از ظهر در روز سمپلینگ در فروشگاه شناخته شده بودند.

• گروه کنترل خانواده‌ها در داخل پایگاه داده KN / PDI کسانی بودند که:

۱. در روز سمپلینگ در بین ۱۱ صبح و ۵ بعد از ظهر در فروشگاه حضور نداشتند؛

۲. اما در طول دو هفته از فروشگاه خرید نکردند.

۳. دیگر معیارهای ثابت سبد خرید گروه آزمون مانند گروه کنترل استفاده شد.

تحت روش‌های طراحی تجربی R.I.S.E ، تنها متغیر "قرار گرفتن در معرض دید" (کسانی که فرصت شرکت ، و یا حداقل دیدن نمونه را داشتند) سمپلینگ بود.

خانواده‌های گروه آزمون فرصت دیدن سمپلینگ شرکت PromoWorks را داشتند چرا که آنها در ساعات سمپلینگ در فروشگاه حضور داشتند اما گروه کنترل این فرصت را نداشتند.

هر دو گروه آزمون و کنترل در خارج از فروشگاه در معرض چیزهای دیگری قرار گرفتند(تبلیغات تلویزیونی، اینترنت، بیلبوردها، و غیره) و داخل فروشگاه نیز به این صورت بوده است. (گرافیک طبقات، صفحه نمایش، علائم قفسه، و غیره).

هفرنان می‌گوید:

«ما دو گروه ها را ایجاد کردیم.الگوهای خرید خانواده ها را به مدت ۲۰ هفته پس از سمپلینگ نظارت کردیم و دو گروه آزمون و کنترل را با هم مقایسه کردیم. در بسیاری از نقاط به داده ها توجه کرده و متوجه شدیم ، از روز سمپلینگ تا ۲۰ هفته پس از آن حجم خانواده های در معرض سمپلینگ افزایش یافت.»

این سوال بزرگی است که PromoWorks دارد: ارزش طولانی مدت سمپلینگ چیست؟

استرمر می گوید:

«هرگونه تفاوت درفروش بین گروه آزمون و کنترل خانواده محاسبه شد ، تجزیه و تحلیل (ANCOVA۵) این دوره از آزمون ۲۰ هفته‌ای از روز ارائه اولین سمپلینگ آغاز شد.»

او می گوید:

«همه نتایج ما در سطح قابل توجه ۹۹درصد بازگشت بودو از آن بهتر نمی‌شد به دست آورد.»

یافته‌های تحقیق

R.I.S.E. در مطالعه گذشته اثر سمپلینگ نشان داد که سمپلینگ در فروشگاه ، فروش را تحریک می کند.

در سراسر بخش های متعدد این مطالعه مشخص شد روز اول سمپلینگ به طور متوسط ۴۷۵درصد افزایش فروش در خانواده های آزمون (کسانی که در معرض سمپلینگ قرار گرفتند) در مقایسه با خانواده‌های کنترل (کسانی که سمپلینگ به انها ارائه نشد) وجود داشت.

•این مطالعه گزارش داد که سمپلینگ در فروشگاه می‌تواند خریدار را برای اولین بار خرید از این محصول تحریک کند). متوسط تراکم فروش برای آیتم های سمپل شده در مدت ۲۰ هفته کامل پس از سمپلینگ برای خانواده‌های آزمون نسبت به خانواده های کنترل ، بالاتر از ۵۸درصد بود.

• R.I.S.E. گزارش می‌دهد سمپلینگ در فروشگاه می‌تواند تکرار خرید را افزایش دهد (تکرار خرید به معنی خرید مجدد حداقل یک بار در مدت ۲۰هفته می باشد). در طول مدت ۲۰هفته، متوسط تراکم فروش خرید اول و تکرار بعد برای محصولات سمپل شده ۱۱درصد بالاتر از گروه آزمون در مقابل گروه کنترل بوده است.

•سمپلینگ دارای سابقه شناخته شده برای افزایش فروش در راه‌اندازی محصول جدید است، با این حال مطالعه R.I.S.E. ،نشان می دهد که سمپلینگ درفروشگاه نیز می تواند گسترش فروش وحتی تاسیس خطوط محصولات را به طور چشمگیری افزایش دهد.

افزایش فروش از سمپلینگ وگسترش خط (عطر و طعم جدید به سادگی به خط تولید موجود، بدون هیاهو های تبلیغاتی دیگر اضافه شده)، برای روز سمپلینگ ۹۱۹درصد مثبت و ۱۰۷درصد مثبت پس از یک دوره ۲۰هفته ای بوده است .افزایش فروش سمپلینگ محصول موجود (که با بسته بندی جدید به روز شده) ۱۷۷درصد مثبت و در روز سمپلینگ پس از یک دوره ۲۰هفته ای ۵۷درصد مثبت بود.

•این مطالعه نشان می دهد که سمپلینگ در فروشگاه می تواند خرید و فروش برند را افزایش دهد.برای هر سه مورد سمپل شده، به طور متوسط سمپلینگ باعث افزایش فروش ۱۰۷درصد در روز ارائه برای برند مربوطه شد.

به طور متوسط افزایش فروش ۲۱درصدی پس از یک دوره ۲۰هفته‌ای را به وجود آورد و تراکم متوسط خرید برای برند ۱۹درصد در طی یک دوره ۲۰هفته ای بود.

•سمپلینگ در فروشگاه می تواند خریداران جدید را به سمت کالا های سمپل شده و برند بکشاند. با توجه به مطالعه تراکم متوسط (دوره بیش از ۲۰هفته) خریداران جدید برای محصولات سمپل شده ۸۵درصد بود و برای برند ۲۳درصد.

•سمپلینگ در فروشگاه می‌تواند به طور متوسط حجم سبد خرید خانواده‌ها را افزایش دهد. به عنوان نتیجه از سمپلینگ، به طور کلی سبد خرید مصرف‌کنندگان در معرض سمپلینگ، در مقایسه با متوسط سبد خریداران مکرر ۱۰درصد افزایش یافته است.

پیوست - انتقال سمپلینگ به بازارهای فروش، برنامه ی پیشنهادی والمارت تحت عنوان " Bright Idea "

خلاصه ی اجرای روش مورد نظر

بزرگترین فروشنده در دنیا را می توان شخصی دانست که در مسائل مرتبط به فروش، به نمایش مدلهایی برای نسل بعدی سمپلینگ می‌پردازد و بدین شیوه عمل خواهد کرد:

۱- نیروی کاری تان را برای مدت زمان طولانی تائید کنید چرا که این امر موجب برقراری روابط مستحکمی با فروشندگان خواهد شد و اعتمادشان را نیز جلب خواهد کرد.

۲- به اجرای آنچه که در کارت برند اظهار داشته اید بپردازید. چرا که این امر موجب آشنایی بیشتر با جنبه هایی از محیط فروشگاه و اهداف فروش خواهد شد.

۳- فعالیت‌تان را با دیگر مراکز فروش و بازاریابی پیشنهادی والمارت هماهنگ سازید چرا که هدف آن ایجاد برندهایی بوده است که در سطح ملی نیز پذیرفته شده باشند.

از پاییز ۲۰۰۸ والمارت متعهد به طرح بزرگی شده بود تا فروشگاه‌هایش را دوباره بسازد و تلاشی را جهت ایجاد محیطی صرف کند. ۱۴۰ فروشنده و به منظور فروش بهتر و آسانتر تحت عنوان "Bright Idea" به دگرگونی بی‌سابقه ایی پرداختند که تقریباً شامل هر جنبه ایی از فروش است. و به دسته بندی محصول در استراتژی های تجاری در ارتباطات

فروشگاه و خدمات به مشتریان پرداخته است. اهداف اصلی بیانگر مبانی کلیدی در شرکت والمارت ،عبارتند از:

پیشنهاد قیمت پایین، عرضه‌ی کالا با کیفیت مناسب و تجارب بهتر برای فروشگاه

در مراحل اولیه پیشنهاد طرح والمارت در صنعت بازاریابی،تولید کنندگان، محصولات فروشگاه را به عنوان یک حوزه ی مهم برای مصرف کنندگان بازار در نظر گرفته بودند.فروشندگان محیط شان را تحت کنترل دارند و هدف از آن عبارت است از ساختن برند های مختص خودشان و ارتقای رابطه با مشتریان .

هر دو طرف به گسترش مهارت‌های مورد نیاز برای هدایت کردن بازاریابی فروشندگان پرداخته اند.

نگرش متفاوت به‌طور قابل ملاحظه ایی نیازمند درک عمیق از نیازهای فروشندگان بود و گسترش همکاری می‌توانست برنامه های بازریابی را به منظور جلب رضایت تغییر دهد.تلاش‌های شرکت به منظور افزایش تجربه ی فروش شامل ارزیابی مجدد آن در تمرینهای بازاریابی فروشگاه به منظور تشخیص برنامه‌هایی بود که می‌توانست در رابطه با مشتریان بهتر جلوه کنند.

به‌طور خلاصه شرکت می‌خواست تعدادی از ابزارهای ارتباطی را که مورد استفاده قرار داده است کاهش دهد در حالی‌که برنامه های موجود معنای بیشتری دارند. تغیرات این نتایج شامل تغیرات مستمر از تلویزیون والمارت به شبکه‌ی هوشمند والمارت بود و تأکید دوباره‌ایی در پیام‌های رادیویی.

در بین گسترش‌های خاص در این حیطه عقاید واضحی در فوریه ی ۲۰۰۹ شکل گرفت که طی یک برنامه هفتگی که تولید محصولات در امر سمپلینگ می‌پردازند.

مدیریت این برنامه توسط فروشندگان LLC، بنتونویلوARانجام می‌شد.در پاییز ۲۰۰۹ شرکت با هدف تحقق طرح‌های رسمی و انحصاری تاسیس شد و به طراحی و هماهنگی شرکت برای تمامی فروشندگان در فروش محصولاتشان پرداخت است.

مدل اجرایی ارائه شده برای فروشندگان در امر ارتقای سمپلینگ به سطح جدیدی پرداخت که پرسنل خاصی را در هر فروشگاه منصوب کرد.درنظر گرفتن یک رتبه برای یک برند منحصر به فرد می تواند به خودی خود یک هدف باشد .

برنامه‌های منسجم و هدفمند به راه‌حل‌هایی برای شیوه‌ی عملکرد فروشندگان بیشتر از جابجایی محصولات در ابعاد آزمایشی آن‌ها می‌پردازد.

تغییر تدابیر اجرایی سنتی در امر سمپلینگ در یک فروشگاه به عنوان یک محصول متمرکز واغلب تنها با اهداف فروش کوتاه مدت در ذهن به راهبردهای متمرکز طراحی شده می‌پردازد و هدف از آن پیش برد امر فروش است ،در حالی‌که به‌طور همزمان به بهبود تجارب و وفاداری مشتریان و افزایش تمایل به یک برند منتهی می‌شود.

مفهوم "عقاید روشن" می‌تواند به عنوان مثال کلیشه ایی از بازاریابی فروشنده‌ها در نظر گرفته شود.

در واقع امر سمپلینگ در یک فروشگاه بر اساس تجارب والمارت در نوع خود امری خوب است. مسئول بازاریابی و بخش فروش معتقد است ما باید تصمیماتمان در قبال مشتریانمان را از نو تکرار کنیم و تحقق این امر با وجود تجارب دوستانه، درست و پایدار از بین سایر اصول فروش پیشنهاد شده میسر خواهد بود.

بازاریابی شفاف

مدت‌هاست که سمپلینگ به عنوان یکی از تکنیک های تبلیغاتی بسیار گسترده در بین تولیدات کالای مورد نیاز مشتریان در نظر گرفته می شود. اثبات تجربی این مسئله به خوبی مشخص شده است و روش کارآمدی است. محصولاتی از قبیل وسائل الکترونیک، اسباب بازی، و دیگر کالاعا و ساده ترین روش در آزمون جلب توجه مشتریان است. تأثیر آنی که سمپلینگ و اثبات تجربی آن می‌تواند بر روی مشتریان داشته باشد، به‌طور گسترده به عنوان ملاک در نظر گرفته می‌شود. در حالی که کار قطعی تا کنون انجام نشده است، برخی از تحقیقات دانشگاهی پیشنهاد کرده‌اند که امر فروش می‌تواند در درازمدت افزایش یابد.

یکی از مطالعات اخیر توسط شبکه های دانش PDI نشان داده است که بعد از انجام سمپلینگ در حدود ۲۰ هفته، میزان فروش تا حد قابل توجهی افزایش یافته است.

مطالعات دیگر تأثیرات بالفعل سمپلینگ را در کل بر امر فروش فروشگاه‌ها و وفاداری مشتریان نشان می دهد.

به طور کلی بررسی آربیترون در سال ۲۰۰۸ از بین ۱۹۰۰ ساکن آمریکایی نشان می دهد که:

- ۶۴ درصد از مشتریان پس از دریافت محصول آن را امتحان می کنند.
- ۳۵ درصد از افرادی که محصول را امتحان کرده اند،(۲۲درصد از کل مشتریان)روزی که نمونه را دریافت کرده اند آنرا خریده اند.
- ۲۴ درصد از خریداران محصول ارائه شده را در ازای محصولات دیگر می خرند.
- ۵۸درصد از مشتریان،که به نمونه ی ارائه شده از محصول توجه کرده بودند ،هدفشان خرید محصول در آینده است.

ازنظر برخی از فروشندگان ،سمپلینگ به عنوان بخش کاملی از تجربه فروشگاه و والمارت در نظر گرفته می شود.

مفاهیم شفاف

تجارب نشان داده است که در جلب توجه مشتریان شانس زیادی نداریم. یک رویکرد سنتی با تمام جنبه های مرتبط به آن می تواند تا حد بسیار ناچیزی در افراد جلب توجه نماید اما بنابر اظهارات تانیا دومیر افراد تنها به علاقه‌مندی‌های قبلی شان توجه می کنند.

این علاقه مندی ها در راستای خدمات فروش و بازاریابی، و مراکز سمپلینگ است و دو سویه کار می‌کنند. در امر سمپلینگ نیازمند آن هستیم که به چهارچوب زمانی تعیین شده توجه کنیم و علاوه بر آن باید به سفارشات خرید مورد نیاز در تهیه ی برند نیز باید توجه کرد.

ساخت طرح برند به اندازه ۲۵ اینچ و ۱۹/۵ اینچ برای آن است که بتواند به جلب مشتری بپردازد.

نتایج شفاف

اگرچه اشکال فروش با طبقه بندی محصولات و برنامه تعیین شده برای آنها متفاوت است، اما میانگین افزایش فروش روزانه برای آن، ۱۲۳درصد است.

همچنین پی بردن به روند فروش، که به تعیین میزان افزایش احتمالی فروش می‌پردازد،در سمپلینگ امری مهم تلقی می‌شود.

استفاده از سیستم مبادله‌ای در امر اطلاعات بر اساس لینک فروش بی نظیروالمارت ، می‌تواند به تحلیل روند فروش در مدت ۴ هفته بپردازد. در نهایت می‌توان امیدوار بود که روند فروش از ۱۲ به ۱۶ هفته افزایش یابد.

بر اساس بررسی های صورت گرفته، میزان فروش پس از تحقق برنامه ی روز پنجشنبه ودر میان گذاشتن نتایج حاصله با مشتریان در اولین فرصت ممکن، افزایش نشان داده است .

بر اساس اظهارات در حالی که نتایج حاصله گوناگون هستند اما با برخی از برنامه‌ها می‌توان افزایش میزان فروش در دراز مدت را شاهد بود .

فروشنده‌ها تمامی نتایج را با یکدیگر ترکیب می‌کنند و به ارزیابی آنها می‌پردازند. به گفته‌ی دومیر، ما به دنبال آن هستیم که بدانیم که کدام محصول به نیازهای ما بیشتر پاسخ می‌دهد و کارایی بهتری دارد.

ما می‌توانیم مجموعه‌ای از اطلاعات کیفی و کمی را در این باره گردآوری کنیم.

در فروشگاه هر آنچه را که انجام می‌دهیم در ارتباط با مشتریان است.

در یک فروشگاه و یا در جاهای دیگر با بررسی رقابتی بین فروشندگان و مشتریان خاص و عامل ارتباطی بین آنها ، می‌توان دریافت که آنها نه تنها به برقراری روابط دوستانه با یکدیگر می‌پردازند، بلکه با فروشندگان نیز چنین روابطی دارند.

بنا بر اظهارات ، مشتریان معمولی ما کسانی هستند که به طور میانگین در حدود ۵ الی ۶ بار در ماه در فروشگاه حضور می‌یابند. آنها همچنین روابط میان مشتریان و فروشندگان را نیز درک می‌ کنند.

در هر فروشگاه ۲ متخصص وجود دارد که یکی از آنها به عنوان مسئول اصلی فروشندگان در نظر گرفته می شود. علاوه بر اینها ۷۵ مدیر مسئول در هر منطقه وجود دارد که به بازرسی ۲۰ تا ۳۵ فروشگاه می‌پردازند و همچنین ۸ مدیر منطقه‌ایی وجود دارد که به طور معمول به مدیریت مناطق بپردازند.

پرداختن به راه حل مسأله

در حالی که در گذشته خطا درامر تولید محصول رخ می‌داد. برای ارائه‌ی روش مناسب برای زندگی بهتر به پیشنهاد والمارت ، راهبردهای تعیین شده کاملا با اهداف برنامه موجود هماهنگی نداشت.

به این منظور چنین راهبردهایی با در نظر گرفتن محصولات فروشگاه در جهت ارتقای پیشرفت آن بر اساس راه‌حل‌هایی ارائه شده و البته ارزش گذاری این محصولات،می‌تواند کارآمد باشد.

فروشندگان در افزایش ظرفیت‌های موجود برای ایجاد خلاقیت در امر برندینگ و تهیه کاتالوگ ،جهت برقراری ارتباط بهتر با مشتریان تأثیر گذار خواهند بود .

چگونه می‌توان آناناس رسیده را با یک نگاه تشخیص داد؟ (در آناناس رسیده اثری از رنگ سبز دیده نشود)در امر سمپلینگ برای یک آناناس،یک چیدمان طراحی شده است و در آن مصرف‌کنندگان در مراجعات بعدی شان نام والمارت را در ذهنشان دارند.

هدف ما این است که برای مثال در فروش مواد غذایی فروشندگان با یکدیگر همکاری داشته باشند.

بنابر این ما می توانیم راه حلی برای این مساله پیشنهاد کنیم و در این امر فقط به ارائه مثال نپردازیم.بنابراین والمارت می تواند مقوله ی طبقه بندی شده‌ایی از امر فروش ارائه دهد و با ایجاد زمینه های همکاری بیشتر ، می تواندتولید ارتقا دهد.

در هماهنگی کار با روش پیشنهادی والمارت ، برنامه از ماه ژوئن شروع شد و در هر هفته این برنامه در ۸ مراکز بزرگ فروش اجرا شد.صفحه نمایش ویدیویی و صفحات وای فای(wifi) در هر دو سمت کارت نمونه به مشتریان این اجاره را می‌داد که سرگرم باشند.

متخصصان امر فروش ۶ صفحه راهنما را پیشنهاد کردند که هدف آن عبارت بود از پیشنهاد شاخص هایی برای داشتن رژیم غذایی سالم و ورزش ،همگام با ارائه ی مثال‌هایی در این راستا.

بحث در خصوص سود فروش و بازاریابی

LLC که به عنوان اولین مرکز ارزیابی سود فروش و بازاریابی در آمریکای شمالی تأسیس شده بود، با میزان درآمدی در حدود ۱ میلیارد دلار و حدود ۱۲۰۰ کارمند ،فرصت داشتن ۵۰۰ شرکت و برند را در صنعت بسته بندی کالا برای شرکت اش فراهم کرده بود.

تاسیس این شرکت در سال ۱۹۸۷، بود و در امور مربوط به خرید یک محصول یا خدمات از یک شرکت ، امور بازرگانی و مدیریت در امور رده‌بندی محصولات، ارائه‌ی خدمات بازرگانی به تولیدکنندگان ، و مصرف کنندگان کالاها فعالیت داشت.

اقدامات شرکت در جهت امور تجاری در چند بخش از انواع محصولات هدایت شده است که عبارتند ازفروش خواروبار، فروش انبوه، اعطای تسهیلات،فروش دارو،باشگاه‌داری، سخت افزار، مدیریت مسائل مربوط به امور منازل و... ، که بیش از ۲۰۰۰۰شرکت در آمریکا و کانادا دارد.

ایجاد چنین مراکزی به چندین دهه قبل و به زمان تأسیس شرکت سونی برمی‌گردد. در نمای کلی شرکت CPG ،خدمات ارائه شده در سطح ناچیز به شرکت‌های محلی کوچک، در مقایسه با شرکت‌هایی در سطح ملی، به کاهش تقاضا منجر شده است. چنین دیدگاهی نسبت به آینده

سازمان را هدایت کرده و به گسترش ایده‌های شرکت در حیطه فناوری اطلاعات منجر شده است. چنین دیدگاهی نسبت به آینده ،سازمان و سرمایه‌گذاری آن، در جهت برتری بخشیدن به حیطه‌های اجرایی ، امور برنامه ریزی و تحقیقات گسترده، امیدوارکننده بوده و در جهت یافتن روش‌های جدید به منظور ارائه محصولات با ارزش برای مشتریان اقدام مؤثر خواهد بود .

شرکت در حال حاضر مجموعه ی کاملی از راه حل ها را ارائه داده است که عبارتند از: بازاریابی PROMO ، ارتقای ارائه ی خدمات در امور بازاریابی و امور مربوط به ارائه استراتژی ها و اجرای این امور درک عمیق چنین مفهومی که محیط فروش ایجاد می‌کند، با روش‌های برقراری ارتباط با مشتریان مرتبط است.

بازاریابی و تبلیغات خودش را برای تغییر این صنعت به بازاریابی بخش فروش آماده کرده است. این شرکت مبنای کاریش را بر درک بهتر شیوه‌های فروش و استفاده از چنین شیوه هایی و به‌کار گیری آنها در زندگی روزمره قرار داده است.

شرکت همچنین از همکاری با فروشندگان جدید ابراز خرسندی کرده است. بنا بر اظهارات دومیر، والمارت از اینکه نمونه‌ی برنامه‌هایش پیشرفت کنند و باعث افزایش تجارب شرکت شوند، بسیار خوشحال است. او همچنین اظهار داشت که :

«ما به فروشگاه‌ها کمک خواهیم کرد که نقاط ضعفشان را شناسایی کنند و اگر پی به مشکل اساسی بردیم به فروشندگان اطلاع خواهیم داد.»

درباره کراس مارک

کراس مارک شرکتی است با بیش از ۱۰۰ سال تجربه در امور فروش ، بازاریابی و جذب نیروی کار. این شرکت با بیش از ۲۰۰۰۰ نیروی استخدامی شامل ۱۳۰۰۰ همکار فروشگاهی است. این شرکت از سال ۱۹۶۲ از طریق مشتریان کالاهایش با شرکت والمارت همکاری می‌کند . در سال ۱۹۸۰ هنگامی که اولین فروشندگان آن به عنوان نیروی فعال در صنعت شروع به کار کرده بودند ، کراس مارک شروع به تشکیل مجمعی برای پروژه های ملی کرده که هدف آن بهبود شرایط تجارت در آن مجموعه بود.

تمرکز شرکت کراس مارک بر فرصت‌های شغلی جدیدی بود که فراتر از حیطه سنتی آن ودر امر فروش و بازرگانی مشغول به کار بوده‌اند. در سال ۲۰۰۶ شرکت روش‌های بین المللی در امر بازاریابی ابداع کرد. طرح اصلی شرکت کراس مارک عبارت بود از به‌کار بردن روش ملی و مناسب برای مشتریان و هدف از آن کمک به رشد نمونه های ارائه شده شرکت بود.

کسب این امتیاز و اضافه شدن به دیگر قابلیت‌های آن از جمله تمرکز بر امر فروش، باز آرایی در طبقه‌بندی محصولات ، تجارت و امور بازرگانی برای شرکت از موارد قابل اشاره در این حوزه است.

در بهار سال ۲۰۰۹ ، افزایش توان این شرکت ،افزایش توانمندی داروخانه ها را به دنبال داشته است .بعد از مدت کوتاهی شرکت کراس مارک پی برد که والمارت با نمونه‌های ثابتی مواجه است و از این امر احساس خوشایندی نداشت و با فروشندگان به بحث پرداخت تا دریابد

که چگونه می تواند به بهبود برنامه اش بپردازد. حتی شرکت به مجمع کمک کرده بود که مدل‌های جدیدی را نیز مورد آزمایش قرار دهد. اهمیت دادن به کار با فروشندگان بزرگی که کراس مارک را ساخته‌اند و اختصاص منابع خاص جهت بررسی کار والمارت و حتی برقراری ارتباط با رقیبان والمارت در این راستا، می‌توانست سودمند باشد.

هر کدام از ما تعهدات خاصی داریم، اما لازم است که عملکردمان را تحت قانون و قاعده در آوریم.

به منظور بکار بردن دیدگاه والمارت در زندگی روزمره ما اهداف مشترکی داریم. در واقع والمارت با انجام چنین برنامه‌ایی بر تجارب مشتریان افزوده است.

«تجربه سمپلینگ در فروشگاه بر اساس نظریه والمارت بسیار جالب خواهد بود. ما قصد ایجاد چنین کاری را در رابطه با مشتریانمان خواهیم داشت و برایشان تجاربی بر مبنای روابط دوستانه ایجاد خواهیم کرد.»

والمارت به «عقاید واضح» به عنوان برنامه ایی که تنها برای ساخت محصول در نظر گرفته شده باشد، نگاه می‌کرد، اما آن را به عنوان نکته کلیدی و در ارتباط با دیگر برندها در نظر می‌گرفت. او همچنین این برنامه را امری راهنما در بازاریابی می‌دانست که تا کنون ۲ سال از عمر آن می‌گذرد.

این امر با بسیاری از مسائل دیگر در ارتباط است که ما قصد انجام آنها را داریم.

ما به محصولات نمونه ارائه شده توجه می‌کنیم و به دنبال روش‌هایی خواهیم بود که آنها را کامل کنیم.

در این راستا می‌توانیم از شبکه‌های هوشمند و روش‌های دیگر استفاده کنیم .

این روند در جهت عکس این حالت نیز می‌تواند انجام شود.والمارت طرح های موجود برای برند ها را برای فعالیت‌های دیگری طراحی کرده بود این برنامه ها عبارتند از: شبکه‌های هوشمند و برنامه ی «عقاید واضح» پیشنهاد شده از سوی والمارت . ما به دنبال ارزیابی هر آن‌چیزی هستیم که نشان می‌دهند که فرصت‌های دیگری نیز برای ما وجود دارد.بازرگانان نسبت به این مسائل بسیار علاقمند هستند.

آینده روشن

جنبه هایی از روش «عقاید واضح» والمارت عبارت است از برنامه‌های قبلی در حوزه سمپلینگ والمارت که به عنوان فروشنده ی مطرح در دنیا، دارای فرصت رسانه‌ایی بسیار خاصی در دنیا است. شما می‌توانید بهترین شرایط را در دنیا داشته باشید.

این برنامه در آینده پیشرفت چشمگیری خواهد داشت و در غالب طرح پیشنهادی والمارت از شکل فروشگاه تداعی می‌یابد.

فهرست منابع :

۱.اصول بازاریابی فیلیپ کاتلر ، گری آسترانگ

۲.سمپلینگ چیست؟ — حسنی ،فرزاد

۳.سمپلینگ در چه جاهایی مناسب است —حسنی ،فرزاد

Why Promotional Product Sampling Works.۴